AF279399

Gustavo era un sapo verde, pero no era feliz. Quería ser como las flores coloridas del jardín.

—¡Eres guapo! —le dijo en tono muy dulce una hermosa rosa blanca.

—¿Por qué dejar de ser tú? Amarse y tener confianza, ¡esa es la buena actitud!

—El verde es un bello color y súper original ¿Por qué lo quieres cambiar? —le preguntó un caracol.

—¡Me gusta hacer lo que quiero! —dijo Gustavo altanero—, Pero creo que me convencieron, no pertenezco al rosal. Además, me aburriría plantado en este lugar, ha sido una mala idea: "de sabios es rectificar..."

—Prefiero ser azul cielo,
azul turquí... azul mar.

—¡Mar, quiero ser como tú! Todo azul, tan
especial que hasta el mismo cielo admire
mi bello azul sin igual...

—¡¿Admirarte?! ¡Pretencioso! —dice el cielo
enfurecido—. Nadie podría admirar a quien
quiere ser distinto sin esfuerzo "personal".
— ¡Sapo poco original!

Hasta el mar perdió la calma con la in-
sensatez del sapo y castigó su mal rato
ordenándole a una ola remolcarlo hasta
la arena y allí, dejarlo pensando en lo que
había hecho mal: "Es bueno reflexionar..."

Sembrado quedó en la arena, pasó el tiempo, una gavio-
ta, cayeron tres, cuatros gotas y se puso oscuro el cielo...
Mas no admitió esa derrota y se le oyó murmurar:
—Siempre es el mismo discurso por aquí y por allá.

—¡Pero yo sé lo que valgo y encontraré mi lugar! —dijo alto y convencido— y se fue directo al trillo dando saltos sin parar...

—¡Ya no quiero ser azul!
Seré más bello, jamarillo!

—Sol, quiero ser como tú: dorado y con mucho brillo. ¡Hasta sería más lindo si yo ocupara tu sitio...!

—¿Qué dices sapo? El calor te dio fuerte en la cabeza, ¿sabes? Soy el astro rey. ¿Reemplazarme? ¡Qué osadía, qué soberbia y gran torpeza! Ve a darte un chapuzón, así descansas y refrescas...

Gustavo de tanto enfado se puso medio violeta y se fue a nadar al lago. ¡Aquí nadie me molesta, hasta me siento mejor! ¡Sólo tres moscas y yo!

...Luego, una pequeña siesta
sin tanta preocupación...

Sobre un loto una ranita cantaba con voz de encanto, una historia
que contaba las pretensiones de un sapo que
no quería ser verde y vivía equivocado...

Gustavo, al escuchar su voz, quedó tan ilusiona-
do y por primera vez, fue feliz de ser un sapo...

¡Croa, croa, croa! ¡Qué maravilla,
qué orgullo, qué bello canto! ¿Dón-
de andaba mi cabeza? ¡Soy lo qué
estuve buscando!

Y un arcoíris
surgió

de tantos suspiros
mágicos...

Nadie sabe qué pasó, si hubo algún hechizo raro, pero Gustavo cambió, así de pronto, de un salto...Y se esfumó su arrogancia: ¡el amor hace milagros!

Se volvió gentil y tierno, ya no era el mismo sapo. Bueno, lo seguía siendo, pero un sapo mejorado. Orgulloso sobre todo de su condición de sapo y de su bello color. ¡Todo es verde en derredor!

Al acercarse a la rana, susurró: —¡Qué bello canto!
Y ella le sonrió...

Él la miró entre suspiros y evocando la canción le dijo dulce al oído:

—Yo escuché sobre ese sapo tan soberbio y presumido, un pretencioso holgazán... ¿Crees que realmente existió?

Ella contestó que no.

—Claro, la historia no es real. Es sólo un cuento inventado, una fábula muy sabia para aprender y enseñar porque así no existen sapos: ¡el verde es un bello color y super original! ¿Quién lo querría cambiar?

Pondremos una pancarta donde se lea bien claro:

El verde es un bello color: ¡el color de los más guapos!

—¿Cómo te llamas?
—Esperanza.
—Y yo Gustavo, ¡encantado!
(Y más no puedo contar porque hasta aquí me contaron).

Y cuentan que fue ese día que el verde fue declarado
el color de la esperanza por un sapo enamorado...

Se echaron juntos a reír. También rio el sol, el lago, el cielo, el mar, el rosal... y cuatrocientos mil sapos...

También espero sonrisas de niños al escucharlos...
Esta historia es una fábula porque así no son los sapos,
sólo ha sido una lección del sapo G______.

Ser quien eres,
¡es lo mejor!

y no es cuestión de aceptarlo,
es saber cómo eres, eres úni-
co y eso es ¡mágico!

APULEYO
EDICIONES